EXPOSITION

DÉPARTEMENTALE

DES PRODUITS DE L'INDUSTRIE

DE

TARN-ET-GARONNE,

OUVERTE A MONTAUBAN,

LE 4 MAI 1862.

Prix : 50 centimes.

MONTAUBAN,
FORESTIÉ NEVEU, IMPRIMEUR DE LA MAIRIE,
Rue du Vieux-Palais, 23.
1862.

EXPOSITION

DES PRODUITS DE L'INDUSTRIE.

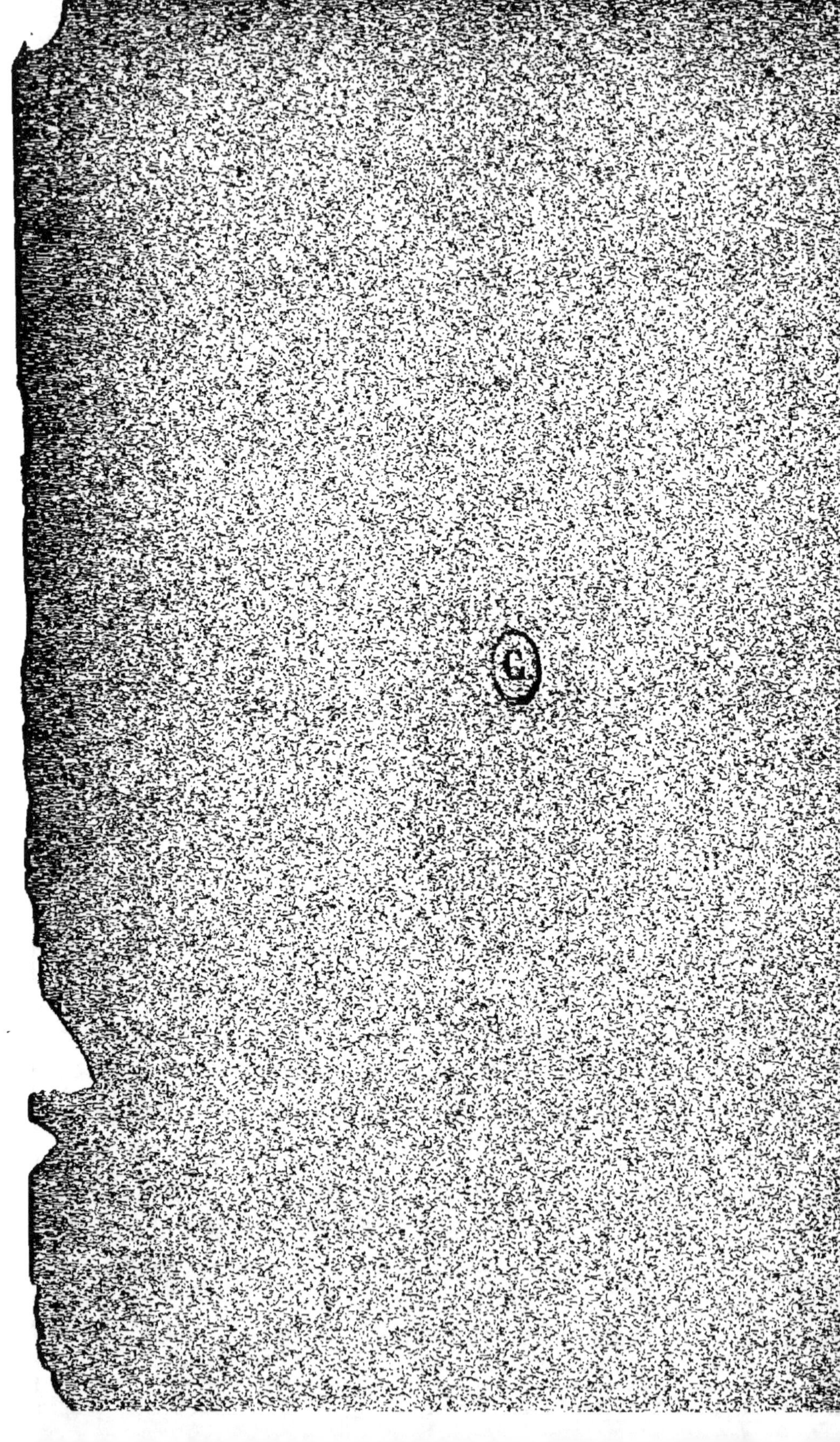

EXPOSITION

DÉPARTEMENTALE

DES PRODUITS DE L'INDUSTRIE

DE

TARN-ET-GARONNE,

OUVERTE A MONTAUBAN,

LE 4 MAI 1862.

MONTAUBAN,

FORESTIÉ NEVEU, IMPRIMEUR DE LA MAIRIE,

Rue du Vieux-Palais, 25.

1862.

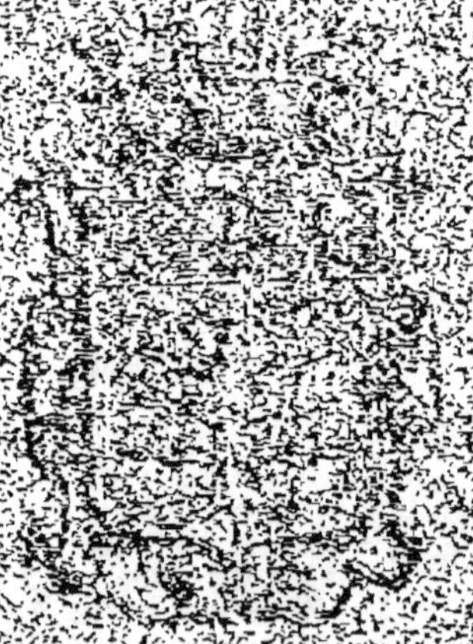

ACTES OFFICIELS.

RÈGLEMENT.

Art. 1er. — Par délibération du Conseil municipal, en date du 6 février, sur la proposition de M. le Maire, approuvée par M. le Préfet, une Exposition départementale des produits de l'industrie sera ouverte à Montauban le 1er mai prochain, pour être close le 26 mai.

Art. 2. — Une commission instituée par M. le Maire est chargée, de concert avec l'administration municipale, de diriger cette Exposition; elle applique le règlement.

Art. 3. — Les personnes qui se proposent de concourir à l'Exposition, devront adresser leur demande à M. le Maire de Montauban. Cette demande contiendra le nom de l'exposant, sa profession, son domicile ou sa résidence, la nature des produits et l'espace nécessaire à leur installation. Ces déclarations seront reçues jusqu'au 15 avril.

Art. 4. — Ne sont pas admis à l'Exposition:

1o Les animaux à l'état vivant;

2o Les matières végétales et animales à l'état frais;

3o Les matières détonnantes et les substances reconnues dangereuses;

4o Enfin, les produits qui dépasseraient, par leur quantité et leur volume, le but de l'Exposition.

Art. 5. — Les esprits ou alcools, les huiles et essences, les acides et les sels corrosifs, et les corps facilement inflammables ou de nature à produire l'incendie, ne seront admis que renfermés dans des vases solides et parfaitement clos; les propriétaires de ces produits devront, d'ailleurs, se conformer aux mesures de sûreté qui leur seront prescrites.

Art. 6. — La commission aura le droit d'éliminer et d'exclure les produits qui lui paraîtront incompatibles avec le but de l'Exposition, ou nuisibles.

Art. 7. — Les produits exposés seront distribués en 7 groupes, savoir :

Premier groupe : Industries ayant pou objet principal l'extraction ou la productio des matières brutes.

Deuxième groupe : Industries ayant spécialement pour objet l'emploi des forces mécaniques.

Troisième groupe : Industries spécialemen fondées sur l'emploi des agents physiques e chimiques et se rattachant aux sciences et l'enseignement.

Quatrième groupe : Industries se rattachant spécialement aux professions savantes

Cinquième groupe : Manufactures de pro duits minéraux.

Sixième groupe : Manufactures de tissu

Septième groupe : Ameublement et déco ration, modes, dessin industriel, imprime rie, musique.

Art. 8. — Tous les produits destinés à l'Ex position devront être rendus à Montauba le 20 avril au plus tard.

Toutefois, il pourra être accordé un dél

supplémentaire par la commission, si les circonstances lui paraissent motiver cette exception ; mais ce sursis ne dépassera en aucun cas le 25 avril.

Art. 9. — Les produits seront expédiés à M. le Maire de Montauban.

Art. 10. — L'adresse de chaque colis devra porter en caractères lisibles et apparents l'indication :

Du lieu d'expédition,
Du nom de l'exposant,
De la nature des produits inclus.

Art. 11. — Les colis contenant les produits de plusieurs exposants devront porter sur leur adresse les noms de tous ces exposants, et être accompagnés d'un bulletin d'admission pour chacun d'eux.

Art. 12. — L'admission des produits à l'Exposition sera gratuite.

Art. 13. — Les exposants ne seront assujettis à aucune espèce de rétribution, soit pour location ou péage, soit à tout autre titre, pendant la durée de l'Exposition ; ils n'auront à supporter que les frais mentionnés aux articles 14, 15, 16, 17 et 18.

Art. 14. — Les frais de transport, aller et retour, restent à la charge de l'exposant. Dans certains cas, néanmoins, lorsque l'exposant en aura fait la demande dans sa déclaration, et si la commission apprécie que les circonstances motivent ce sacrifice, la ville les prendra à sa charge. Dans ce cas, les frais de transport sur les routes carrossables seront calculés, d'après la distance, sur le prix kilométrique du transport par les chemins de fer, d'après le tarif qui sera fixé à l'occasion de l'Exposition.

Art. 15. — La commission indiquera aux exposants les places qui leur seront assignées. Les frais d'emballage, de montage, de démontage et de réemballage demeureront à la charge des industriels.

Art. 16. — Les clôtures, barrières et divisions entre les divers produits seront installées aux frais des exposants.

Art. 17. — Les arrangements et aménagements particuliers, tels que gradins, tablettes, supports, suspensions, vitrines, draperies, tentures, peintures et ornements, seront à la charge des exposants.

Art. 18. — Ces dispositions, clôtures et ornementations ne pourront être exécutées que conformément à un plan général, sous la surveillance de la commission.

Des entrepreneurs indiqués par la commission se tiendront à la disposition des exposants.

Les exposants pourront, avec l'autorisation de la commission, employer les ouvriers qu'ils jugeront convenables.

Art. 19. — Les industriels qui voudraient exposer des machines ou objets d'un poids ou volume considérable, dont l'installation exigerait des fondations ou constructions particulières, devront le déclarer sur leur demande d'inscription. Tous les frais resteront à leur charge.

Art. 20. — La commission prendra des mesures pour préserver les objets exposés de tous dégâts, sans que jamais l'administration ni la commission puissent être responsables de ceux qui se produiraient par suite d'un sinistre ou toute autre cause.

Art. 21. — Les frais d'assurance seront à la charge des exposants, s'ils veulent prendre cette garantie. Les produits seront surveillés par un personnel nombreux; néanmoins, la ville ne répond ni des vols, ni des détournements, ni des détériorations qui pourraient être commis.

Art. 22. — Chaque exposant aura la faculté de faire garder ses produits dans l'Exposition par un représentant. Déclaration devra être faite du nom et de la qualité de ce représentant. Il lui sera délivré une carte d'entrée personnelle; elle lui serait retirée s'il la cédait.

Art. 23. — Il est interdit à ces représentants de solliciter les visiteurs à acheter les objets exposés.

Art. 24. — Le prix de vente pendant la durée de l'Exposition pourra être affiché sur l'objet exposé.

L'industriel qui voudra user de cette faculté en fera la demande préalable à la commission, qui inscrira sur ses registres le prix déclaré.

En cas de vente, ce prix sera obligatoire pour l'exposant à l'égard de l'acheteur. Si la déclaration de prix était reconnue fausse, le produit serait exclu, et l'exposant hors de concours.

Art. 25. — Les articles vendus ne pourront être retirés qu'après l'Exposition.

Art. 26. — Pour l'appréciation des produits industriels et pour l'application des récompenses il sera créé un jury d'examen et des récompenses.

Art. 27. — Le jury sera composé :

1° Des membres du Comité de direction;

2° Des membres de la commission pour l'Exposition de l'industrie ;

3° Des membres de la commission pour l'Exposition des beaux-arts;

4° Des membres de la commission municipale pour le Concours régional;

5° Des Membres de la commission départementale pour le Concours régional.

Il sera sous la présidence du Maire ou de son délégué.

Art. 28. — Ce jury se divisera en sept sections correspondant aux sept groupes sous lesquels seront rangés les produits.

Art. 29. — Chaque section nommera un président et secrétaire, et commencera ses fonctions 10 jours avant la clôture de l'Exposition. Les exposants seront prévenus du jour de la réunion de la section correspondante au groupe de leur production, assez à temps pour y assister ou s'y faire représenter.

Art. 30. — A l'ouverture de la séance, le président de section fera faire par le secrétaire l'appel nominal des exposants du groupe soumis à l'examen. Quel que soit le nombre des exposants présents, le jury pourra commencer son examen et ses délibérations.

Art. 31. — Les exposants n'auront que le droit de discuter la valeur relative des produits exposés dans leur groupe.

Art. 32. — L'exposant ou son fondé d

pouvoirs donnera toutes les explications écrites ou verbales qui pourraient éclairer le jury sur ses produits.

Art. 33. — La section statuera provisoirement sur les récompenses à proposer, et fournira un rapport motivé au jury des récompenses.

Art. 34. — Le jury des récompenses, toutes sections réunies, entendra les rapports de chaque section, discutera les listes proposées par elles, et arrêtera définitivement les récompenses à décerner.

Art. 35. — Il sera donné :

Des médailles de vermeil ;
Id. d'argent ;
Id. de bronze;
Des mentions honorables.

Art. 36. — Les récompenses seront distribuées en séance solennelle, le jour de la clôture de l'Exposition.

Art. 37. — Si des changements ou additions au présent règlement devenaient nécessaires, ils seraient publiés et affichés dans les salles de l'Exposition, le jour de l'ouverture.

Montauban, le 7 février 1862.

Le Maire de Montauban, Président,

Le Secrétaire, A. PRAX-PARIS

B. DOUMERC.

Le Secrétaire Rapporteur

Vu et approuvé. CAPELLE Aîné.

Montauban, le 7 février 1862.

Le Préfet de Tarn-et-Garonne,

G. LEVAINVILLE.

Classement des Produits, d'après la nouvelle modification.

1re CLASSE. — Machines, matériel industriel et outils.

2e CLASSE. — Pompes, appareils de battage et nettoyage des grains, instruments aratoires, appareils divers, tonnellerie.

3e CLASSE. — Menuiserie, serrurerie, sculpture, objets de tous modèles, clouterie.

4e CLASSE. — Fontes, bronzes, orfèvrerie, dorures.

5e CLASSE. — Instruments de précision, de mesurage et de physique ; coutellerie, armes, bandages, chirurgie, éclairage et chauffage.

6e CLASSE. — Imprimerie, lithographie, photographie, reliures, papiers, peintures.

7e CLASSE. — Céramique, marbres, briques, plâtres et chaux.

8e CLASSE. — Produits chimiques, teintures, cuirs et peaux, savons et bougies, engrais.

9e CLASSE. — Substances alimentaires, produits pharmaceutiques.

10e CLASSE. — Tissus, laines, soies, cotons, lins et chanvres.

11e CLASSE. — Carrosserie, sellerie, articles de voyage et de charronnage.

12e CLASSE. — Ameublement, modes et fleurs, confections diverses, vannerie.

13e CLASSE. — Broderies, chaussures, chapellerie, coiffure, plumes.

14e CLASSE. — Instruments de musique et fabrication accessoire.

15e CLASSE. — Sériciculture.

Membres de la Commission.

MM. A. Prax-Paris, Maire, *président*.
Boyer, président du tribunal de commerce, *vice-président*.

MM. Houssaye, ingénr en chef, *vice-président.*
Doumerc, négociant, *secrétaire.*
Capelle aîné, mécanicien, *secrétaire-rapporteur.*
Couderc, filateur, chevalier de la Légion d'honneur.
Albrespy, Auguste, filateur.
Ligounhe, Amédée, négociant.
Lafargue-Lavigne, négociant.
Lagravère, Félix, filateur.
Garrisson-Lacoste, négociant.
Rouffio, Léon, ancien minotier.
Pech, banquier.
Deymié, négociant.
Gardelle-Rey, architecte de la ville.

LETTRE AUX INDUSTRIELS.

Monsieur,

Avec l'approbation et le concours de M. le Préfet, l'Administration municipale a eu la pensée d'organiser, à l'occasion du Concours régional qui aura son siége à Montauban, une Exposition industrielle départementale. L'utilité de cette œuvre ne vous échappera pas. Elle révèlera les industries existantes et certaines, parmi elles, peu ou point connues; elle stimulera ceux qui les exercent par la salutaire émulation qu'elle leur inspirera; elle leur permettra de déterminer, parmi les produits exhibés, ceux qui seront supérieurs, soit par leur nouveauté, soit par leur meilleure fabrication, soit par leur bon marché; et ceux-là, indépendamment qu'ils seront signalés à l'attention du consommateur, seront pour les industriels l'objet de récompenses qui, à défaut d'une grande valeur intrinsèque ou matérielle, auront un prix moral incontestable. La population du Tarn-et-Garonne pourra, dans cette manifestation de son activité, se connaître elle-même au point de vue industriel. Si elle a lieu de s'étonner de productions qu'elle ignore, si elle découvre des richesses dont elle n'est pas consciente, elle déplorera peut-être des points faibles pour certaines branches qu'elle s'efforcera de fortifier, des lacunes qu'elle tentera de remplir. Notre climat, notre situation topographique et les chemins de fer qui nous relient à Bordeaux, à Marseille et à l'Auvergne; les moteurs gratuits que la nature a départis si largement à nos contrées; les bonnes conditions où elles se trouvent par rapport à l'emploi avantageux des forces mécaniques; et enfin un sol riche pouvant, aux portes mêmes des manufactures qui seraient fondées, fournir des matières premières abondantes : toutes ces circonstances heureuses, négligées jusqu'à ce jour, seront peut-être désormais mises à profit, mieux et dans de plus grandes proportions. En un mot, notre position commerciale, industrielle et manufacturière viendra se résumer au chef-lieu dans un ensemble qui sera la constatation du présent et le point de départ des progrès à venir.

Nous avons l'espoir que l'industrie départementale entendra l'appel qui lui est adressé, et que tous ceux qui la représentent voudront participer au concours que leur ouvre l'initiative du chef-lieu. A cet égard, nous devons faire observer que tous les produits y auront leur place. Il ne faudrait pas croire que les objets de grande fabrication et de luxe doivent être admis à l'exclusion d'autres plus modestes. L'Exposition ainsi comprise manquerait le but pratique et économique qu'elle veut atteindre. Tout ce qui n'est pas matière première, tout ce qui a reçu une valeur, si minime qu'elle soit, du travail direct de l'homme ou des agents mécaniques, peut être exposé. Le bon marché des produits, loin d'être un motif de rejet, sera un motif de préférence. Produire bien et à bas prix, est en effet le but de l'industrie moderne, but dont elle se rapproche tous les jours par la salutaire puissance de la liberté et de la concurrence. Ainsi, toutes les productions seront accueillies et jugées au point de vue de leur valeur relative d'usage et de bonne confection. La nomenclature par classes, jointe au règlement, n'a donc rien de fixe ni de limitatif; elle n'est qu'une indication sommaire, et les industries qui n'y sont pas mentionnées, loin de s'effrayer du silence qu'elle garde à leur égard, doivent se produire avec la certitude d'un classement et d'une juste appréciation.

Je compte, Monsieur, sur votre participation personnelle et sur celle que vos relations et vos encouragements pourront provoquer. Le succès de cette exhibition d'intérêt général est beaucoup dans les mains des industriels eux-mêmes, qui devront faire tous leurs efforts pour répondre par leur zèle à la généreuse entreprise de Montauban. Il est aussi dans le concours de toutes les influences officielles ou privées, et aucune, nous en avons la conviction, ne nous fera défaut, puisqu'elles auront à s'inspirer du patriotisme et du dévouemen au bien public qui sont les mobiles de notr tentative.

Le Maire de Montauban,
Président de la Commissio
A. PRAX-PARIS.

Le Vice-Président,
Ingénieur en chef du Département,
HOUSSAYE.

Le Secrétaire-Rapporteur,
CAPELLE Aîné.

Vu : Montauban, le 8 février 186
Le Préfet, G. LEVAINVILLE.

AVIS.

La Commission chargée de diriger, de con cert avec l'Administration municipale, l'Ex position départementale des produits d l'industrie de Tarn-et-Garonne, a l'honneu de rappeler aux personnes qui désireraien prendre part à cette Exposition, que les dé clarations doivent être reçues jusqu'au 1 avril prochain par M. le Maire.

Que cependant, dans le but de mettr l'Administration à même de pourvoir d'un manière convenable à l'appropriation d local destiné à ladite Exposition, il est indis pensable que les déclarations préalable soient faites dans le plus bref délai possibl

Montauban, le 28 février 1862.

Le Maire, Président de la Commission,
A. PRAX-PARIS.

L'Ingénieur en chef des ponts-et-chaussées, Vice-Président,
HOUSSAYE.

Le Secrétaire,
CAPELLE Aîn

LETTRE AUX SÉRICICULTEURS.

Monsieur,

L'Administration Municipale, avec l'approba-
on de M. le Préfet, a organisé, à l'occasion du
ncours régional qui doit avoir lieu le 3
ai prochain à Montauban, une Exposition
dustrielle limitée aux produits du départe-
ent.

Dans cette Exposition se trouvent naturelle-
ent compris les produits de l'industrie séri-
ole, qui représentent la principale branche
nos manufactures.

Le but que l'Administration et la Commission
t voulu atteindre, consistait à développer et
ropager la bonne éducation du ver-à-soie.
lais en limitant aux produits du départe-
nt, pour cette sérieuse industrie, l'Exposi-
n qui devait avoir lieu, le but était loin d'être
eint; il fallait réunir sur un seul point tous
honorables industriels qui, dans le midi de
'rance, s'occupent, sous diverses formes, de
dustrie et de la propagation du ver-à-soie.
onvaincue de l'importance de ce projet et
avantages qui devaient en résulter pour
dustrie séricicole en général, la Commis-
n'a pas hésité à faire une exception en
eur des produits de cette industrie, menacée
s sa base, et a ouvert à tous les produc-
rs du Midi les portes de son Exposition.
es récompenses accordées seront aussi mo-
tes que notre Concours; mais il n'est pas
mis de mettre en doute que les résultats
proviendront de cette réunion d'hommes
ciaux et habitués à voir par eux-mêmes,
oient immenses pour cette industrie, que
maladies locales semblent vouloir rendre
utaire de l'étranger.

Nous faisons un appel à tous les sériciculteurs, à tous les producteurs, à tous ceux qui ont compris la riche destinée qui est réservée à cette industrie, et nous les convions à prendre part à notre exhibition.

Connaissant votre dévouement à tout ce qui peut seconder ou relever cette industrie, nous avons l'assurance que vous ne refuserez pas votre participation à notre projet, et que vous voudrez bien nous en donner l'assurance.

Seront admis à cette Exposition tous les objets se rattachant à la production et à la filature de la soie, et les instruments et machines employés aux diverses opérations, sans distinction de provenance.

Veuillez agréer d'avance mes sincères remerciements, et l'assurance de mes sentiments distingués.

Montauban, le 27 mars 1862.

Le Maire de Montauban, Président
de la Commission industrielle,
A. PRAX-PARIS.

Le Vice-Président,
Ingénieur en Chef des Ponts-et-Chaussées,
HOUSSAYE.

Vu et approuvé :
Le Préfet,
G. LEVAINVILLE.

REDUCTION
FAITE
Par les Compagnies des Chemins de Fer.

Le Maire de Montauban a l'honneur de porter à la connaissance des Exposants les réductions que les Compagnies des chemins de fer du

Midi et de Paris à Orléans ont bien voulu accorder aux Exposants :

COMPAGNIE DE PARIS A ORLÉANS.

Une réduction de 50 p. 0[0 sur les tarifs ordinaires est accordée aux produits de l'industrie expédiés en petite vitesse, sur la production par les expéditeurs de leur lettre d'admission à l'Exposition, mais à la condition que la Compagnie sera déchargée, pour les produits, de toute responsabilité pour les avaries que pourraient éprouver les objets transportés, soit dans les gares, soit pendant la route, et que cette disposition sera mentionnée soit sur la note de remise, soit sur la lettre de voiture de l'expéditeur.

Aucune concession n'est faite pour les transports effectués en grande vitesse, non plus que pour les objets destinés à l'Exposition artistique.

La réduction ci-dessus est applicable sur la section de Rodez à Montauban, aussi bien que sur le réseau principal, à la charge par les expéditeurs de se conformer aux conditions que comporte le tarif spécial ci-après.

COMPAGNIE DU MIDI.

1° *Animaux, Instruments et produits agricoles.* — Réduction de 50 p. 0[0 sur les prix fixés sur les tarifs généraux petite vitesse ;

2° Tous autres produits (objets d'art et de valeur exceptés).

GRANDE VITESSE. — Tarif à 0 fr. 25 c. 00 m. par tonne et par kilomètre.

PETITE VITESSE. — Tarif à 0 fr. 00 c. 85 m. par tonne et par kilomètre, en tant, toutefois, que la taxe ne sera pas supérieure à celle du tarif général.

Pour jouir de ces réductions, les expéditeurs devront :

1° Produire à la gare du départ un certificat d'admission au Concours ou aux Expositions, contresigné par le Maire de Montauban ;

2° Acquitter le port d'avance, *mais pour l'aller seulement ;*

3° Affranchir la Compagnie de toute responsabilité pour les avaries de route ;

4° Consentir à prolonger du double le délai réglementaire d'expéditions et de transport.

Nota. — Les frais ordinaires de manutention et de gare seront perçus sans réduction.

Sont exclus du bénéfice de ces concessions les masses industrielles pesant plus de 5,000 k. et les objets dont les dimensions excéderaient celles du matériel de la Compagnie.

Les objets d'art et de valeur resteront soumis aux prix et conditions des tarifs généraux, sans réduction.

MM. les exposants, MM. les directeurs des orphéons et des musiques sont priés de vouloir bien se conformer aux indications ci-dessus.

Montauban, le 21 mars 1862.

Le Maire, A. PRAX-PARIS.

PROGRAMME DES FÊTES ET CÉRÉMONIES.

1re Journée. — Samedi, 3 mai.

1° Réception des instruments, de 8 heures du matin à 2 heures.

2° A 8 heures, retraite aux flambeaux, Musique municipale et Société chorale.

2e Journée. — Dimanche, 4 mai.

1° Classement et montage des instruments.

2° Exposition de Peinture et des Beaux-Arts, à l'Hôtel-de-Ville.

3° Exposition de l'Industrie départementale, sur la place d'Armes.

4° Exposition du Museum d'histoire naturelle.

5° Ouverture de l'Exposition d'horticulture, au jardin de la société.

6° A 4 heures, Musique militaire sur la promenade des Acacias.

7° Le soir, Musique municipale et Société chorale, sur le Plateau.

3e *Journée. — Lundi, 5 mai.*

1° Opérations des sous-sections des jurys d'instruments.

2° A 4 heures, Musique municipale sur la promenade des Acacias.

3° Musique militaire sur le Plateau, de 7 heures 1|2 à 9 heures.

4e *Journée. — Mardi, 6 mai.*

1° Opérations des sous-sections des jurys d'instruments.

2° Musique militaire sur le Plateau, à 4 heures.

3° Musique municipale et Société chorale, de 7 heures 1|2 à 9 heures, promenade des Acacias.

5e *Journée. — Mercredi, 7 mai.*

1° Essais publics des instruments, jurys présents (Entrée, 1 fr.); réception des animaux et des produits agricoles, de 8 heures à midi; classement des animaux et des produits agricoles.

2° Musique militaire sur le Cours, de 3 heures 1|2 à 5 heures.

3° Musique municipale sur le Plateau, de 7 heures 1|2 à 9 heures.

4° A 8 heures du soir, conférences agricoles à l'Hôtel-de-Ville, sous la direction de la Société des sciences, agriculture et belles-lettres de Tarn-et-Garonne. — Entrée gratuite.

6me *Journée. — Jeudi, 8 mai.*

1° Opérations des sous-sections des jurys d'animaux. Opérations de la sous-section des produits agricoles. Exposition des instruments (Entrée, 1 fr.)

2° Musique militaire au Cours, de 3 heures 1/2 à 5 heures.

3° Représentation extraordinaire au théâtre par les artistes de l'opéra de Toulouse, sous la direction de M. Lafeuillade (Une affiche spéciale fera connaître la composition du spectacle).

7me *Journée. — Vendredi, 9 mai.*

1° Exposition de tout le concours (Entrée, 1 fr.). Délibération du jury, toutes sections réunies, pour décerner la prime d'honneur.

2° Conférences agricoles à l'Hôtel-de-Ville, à 8 heures du soir.

3° Musique militaire sur le Cours, de 3 à 5 heures.

4° Musique municipale sur le Plateau, de 7 heures 1/2 à 9 heures.

8me *Journée. — Samedi, 10 mai.*

1° Continuation de l'Exposition de tout le concours (Entrée, 50 c.) Les droits d'entrée seront perçus sous la direction exclusive du Commissaire général et au profit de la ville.

2° Musique militaire, de 3 heures 1/2 à 5 heures, sur le Cours.

3° Représentation extraordinaire au théâtre par les artistes de l'opéra de Toulouse, sous la direction de M. Lafeuillade. (Une affiche spéciale fera connaître la composition du spectacle. Représentation offerte aux lauréats des médailles d'or).

9me Journée. — Dimanche 11 mai.

1° Exposition publique et gratuite de tout le concours.

Distribution solennelle de la prime d'honneur et des prix et médailles ; fermeture de l'Exposition à 4 heures.

2° Musique militaire pendant la solennité.

3° Musique municipale et chœurs, sur le Cours, le soir.

4° Illumination de la promenade du Cours et des édifices publics et privés. Feu d'artifice. Danses publiques.

Les expositions des Beaux-Arts, de l'Industrie, du Muséum et d'Horticulture seront ouvertes tous les jours, de 9 heures du matin à 5 heures du soir.

L'Administration est en instance auprès des Compagnies des chemins de fer pour obtenir des prix réduits et des trains de plaisir.

Des affiches ultérieures feront connaître exactement, s'il y a lieu, les heures des fêtes et solennités.

Dressé le présent programme par nous, Maire de Montauban, le 2 avril 1862.

Le Maire,
A. PRAX-PARIS.

Vu et approuvé :

Montauban, le 5 avril 1862.

Le Préfet de Tarn-et-Garonne,
G. LEVAINVILLE.

RÈGLEMENT INTÉRIEUR

DES EXPOSITIONS.

Le Maire de Montauban,

Considérant que l'ouverture des expositions étant fixée au 3 mai prochain, il est urgent de régler les différents points du service intérieur de ces exhibitions.

Arrête :

Art. 1er — La police des Expositions est placée sous l'autorité du Maire et sous la direction du Comité de direction composée comme suit :

MM. Bénaïs, 1er adjoint, président.
Semeziès, adjoint.
Garrisson, Gustave, président de la Société des sciences et vice-président de l'Exposition des Beaux-Arts.
Houssaye, ingénieur en chef, vice-président de la Commission de l'Industrie.
Lacaze, chevalier de la Légion d'honneur, ancien président du tribunal de commerce,
Portal, Auguste, négociant.
Rous, Emile, propriétaire.

A partir du jour de l'ouverture, les inspecteurs de service nommés par nous, adresseront chaque soir un rapport au Comité qui les transmettra au Maire avec ses observations.

Art. 2. — Les gardiens nommés par nous ne devront jamais oublier qu'ils doivent avoir pour les visiteurs et les exposants les plus grands égards, et qu'une de leurs premières obligations est de se mettre à leur disposition pour tout ce qui est compatible avec l'accomplissement de leur service.

Art. 3. — Il est défendu aux gardiens de solliciter ni de recevoir des visiteurs aucune rémunération pour les indications ou renseignements de quelque nature qu'ils soient.

Art. 4. — Un registre visé et paraphé sera constamment ouvert au secrétariat général de la Mairie, il sera destiné à recevoir les plaintes des visiteurs et des exposants. Toutes les observations devront porter la signature et l'adresse des déclarants.

Art. 5. — Chaque jour l'Exposition sera ouverte au public de 9 heures du matin à 5 heures du soir; à partir de 4 heures du soir le bureau d'entrée sera fermé.

Le lundi de chaque semaine l'Exposition ne sera ouverte au public que de Midi à 5 heures du soir.

Exposition des Beaux-Arts.

1° Du 3 au 10 inclusivement, 1 fr.; à partir du dimanche 11 mai, 50 c.; tous les jours de la semaine, le dimanche 18 et dimanches suivants 25 c. Les vendredis, 1 franc pendant toute la durée de l'Exposition.

Exposition de l'Industrie.

2° Du 3 au 10 mai inclus 50 c. A partir du 11 mai 25 c.

Museum d'Histoire Naturelle.

3° Du 3 au 10 mai 50 c. A partir du 10 mai 25 c.

Société d'Horticulture et d'acclimatation.

4º Prix d'entrée tous les jours 50 c.

Ces sommes devront être remises en une ou plusieurs pièces; on ne délivrera pas de monnaie.

Il sera délivré des Cartes en échange du prix d'entrée; les Cartes devront être représentées à la première requisition des gardiens et remises à la porte de sortie.

Les Cartes ne seront valables que pour le jour de leur délivrance.

Art. 6. — Les Cartes d'abonnement seront délivrées à toutes les personnes qui en feront la demande.

Le prix en est fixé à 6 fr. Elles donnent droit à l'entrée des diverses Expositions pendant toute leur durée, à l'exception du jardin d'horticulture.

Il pourra être traité à forfait pour la visite des Expositions par les pensionnats.

Art. 7. — Une entrée spéciale sera affectée à MM. les membres des Commissions et du Jury, et aux abonnés. Elle sera fermée chaque jour une demi-heure avant la clôture de l'Exposition.

Art. 8. — Les exposants de l'Industrie qui désireraient maintenir leurs produits en état, seront admis de 7 à 9 heures du matin, les jours où le public est admis à l'Exposition.

Art. 9. — Il est expressément défendu aux visiteurs de chercher à faire fonctionner les machines ou autres instruments, ni de toucher aux objets exposés.

Art. 10. — Il est expressément défendu de

fumer dans l'intérieur de l'Exposition et d'y amener des chiens.

Art. 11. — MM. les visiteurs et exposants sont invités à se conformer aux consignes spéciales qui pourraient être imposées, soit dans le but d'éviter l'encombrement et de faciliter la circulation, soit pour rendre plus facile le service intérieur.

Art. 12. — Il est défendu de s'introduire dans les locaux affectés aux Expositions sans être muni d'une Carte d'entrée.

Art. 13. — L'entrée des salles et cours des Expositions est interdite aux personnes en état d'ivresse, ainsi qu'aux marchands ambulants.

Art. 14. — Il est défendu de faire des efforts pour entrer dans les salles.

Art. 15. — Lorsqu'il y aura affluence aux entrées des Concours ou Expositions, les personnes devront se placer à la suite les unes des autres, dans l'ordre de leur arrivée et former une file sans chercher à devancer de quelque manière que ce soit celles qui les précèderont.

Art. 16. — Il ne sera délivré aux portes de sortie aucune Carte ni contre-marque, l'entrée par ces portes est interdite.

Art. 17. — Les Cartes d'abonnement et les autorisations spéciales, délivrées par le Comité de direction, étant personnelles, devront pour être valables être revêtues de la signature du porteur.

Art. 18. — Les personnes qui seront munies de ces Cartes devront, en se présentant à la porte d'entrée qui leur sera affectée, signer un registre spécial toutes les fois que le gardien préposé au contrôle l'exigera.

Art. 19. — Toute remise ou transmission de Carte ou d'autorisation spéciale est absolument interdite.

La perte de la Carte ou le retrait de l'autorisation sera la conséquence de toute infraction à cette disposition, sans préjudice des poursuites qui pourraient être dirigées, conformément à la loi.

Art. 20. — L'entrée de l'Exposition est interdite aux enfants seuls âgés de moins de 12 ans.

Art. 21. — Des livrets seront vendus à la la porte de chaque Exposition.

Art. 22. — Les gardiens des salles sont chargés en ce qui les concerne, de l'exécution des dispositions qui précèdent.

Montauban, le 25 avril 1862.

Le Maire, A. PRAX-PARIS.

Vu et approuvé :

Montauban, le 28 avril 1862.

Pour le Préfet en tournée de révision :

Le Secrétaire général,

E. CÉLIÈRES.

EXPOSITION

DES

PRODUITS DE L'INDUSTRIE.

PREMIÈRE CLASSE.

Groupe unique.

GLEYE (Armand), à Montauban.

Rouleau en plusieurs pièces pour le tissage des soies.

CAPELLE aîné, à Montauban.

Pièces détachées de machines.

GLATARD et Ce, à Montauban.

Métiers à tisser; peignes à tisser; dents de peigne, navettes; maillons en acier, cuivre et zinc; fer laminé pour peignes; régulateur compensateur.

TREGAN (Louis-Joseph), à Bruniquel.

Ourdisseuse et bobineuse (Brevetée S. G. D. G.)

LEZERAC (Victor), à Montauban.

Peignes en roseau pour le tissage des toiles, avec lisseuses.

ISSANJOU (Jean), à Castelsarrasin.

Tour à percer.

LACAN, *dit* POULICOU, à Montauban.

7 Pièces brutes de forge pour machines à vapeur; manivelle et bielles; pièces brutes pour tondeuse de drap.

DELHOM, à Montauban.

8 Soufflet de forge.

GAMOT, à Marignac, canton de Beaumont.

9 Soufflet de forge.

TACHARD (Isaac), à Montauban.

10 Ensouple en fer et tôle pour le tissage des soies.

LACAZE ET LELOUP, conducteurs des ponts-et-chaussées.

11 Plans de machines.

DEUXIÈME CLASSE.

1er Groupe.

VEYRIAC (Paul), à Montauban.

12 Pompe à incendie, pompe portative; norias; pompes diverses.

CAPELLE aîné, à Montauban.

13 Pompes portatives à arrosage ou à décuver les vins, pouvant servir de pompe à incendie; pompes diverses.

COURTINADE, à Montauban.

14 Pompe à double effet, aspirante et foulante.

VERDIER, à Montauban.

15 Pompe.

LAPERGUE, à Caussade.

16 Appareils à aspirer les eaux.

2e Groupe.

GLEYE (Armand), à Montauban.

17 Batteuse à bras pour dépiquer toute sorte de grains.

CAPELLE aîné, à Montauban.

18 Ventilateurs.

CLAVERIE, à Montauban.

19 Trieur ventilateur.

LAPERGUE, à Caussade.

20 Machine à dépiquer, à bras.

3e Groupe.

LEYGUE, à Saint-Sernin, canton de Lauzerte.

21 Charrue perfectionnée.

FAUROUS (Antoine), à St-Benoît (Moissac).

22 Herse en fer.

BERLIÉ (Jean), à Moissac, section de Sainte-Livrade.

23 Charrue Bissoc.

CAPELLE aîné, à Montauban.

24 Charrues diverses.

BOYER (Jean), à Loubejac.

25 Une charrue et un émottoir.

DUFFAU (Antoine), à Larrazet.

26 Charrue.

LAURENS, à Saint-Nauphary.

27 Charrue en fer.

4e Groupe.

CAPELLE aîné, à Montauban.

28 Pressoir à vendange.

LATREILLE (Pierre), à Montauban.

29 Pressoir à vendange.

DALARD (Etienne), à Lauzerte.

30 Fixe échalas.

CHABASSEUR père, à Montauban.

31 Panier à vendange.

DUFFAU (Charles), à Belvèze.

32 Cisailles mécaniques pour tailler les haies.

5e Groupe.

BLANC (Pierre), à Montauban.

33 Barril d'un hectolitre.

BIROT, à Montauban.

34 Barril pour marchandises sèches et tonneaux divers.

BLANC fils jeune, à Montauban.

35 Barrique façon cognac, et petits barrils.

DUMONS (Pierre), à Castelsarrasin.

36 Un foudre en chêne, de 25 hectolitres.

SUJOL (Jean-Pierre), à Mirabel.

37 Une barrique.

LACROUX, à Montauban.

38 Cerceaux en meule.

TROISIÈME CLASSE.

1er Groupe.

GOULARD (Pierre), à Montauban, rue Bessières.

39 Ouvrage de menuiserie.

MAUREL (Bertrand), à Montauban, rue Gilaque.

40 Modèle d'escalier.

CAUSSE, à Montauban, côte de Sapiac.

41 Bancs de jardin et fauteuils à pliant.

GIBERGUES (Antoine), de Caussade.

42 Une voussure à queue de paon, une corniche à gorge appelée grand arêtier.

2e Groupe.

LAVALETTE, à Montauban.

43 Porte-bouteilles tournant; égouttoir à deux

fins servant de porte-bouteilles; bordure de jardin.

ARMAING (Alfred), de Montauban.

44 Un coffre-fort et une croisée.

GIARD, *dit* NORMAND, à Montauban.

45 Porte en fer avec imposte, clé de coffre-fort; entrée massive.

LAVITRY, à Montauban.

46 Lits en fer de plusieurs dimensions, table en fer; lavabo; appui de communion; deux croisées à espagnolettes brevetées.

MALLEN et fils, de Beaumont.

47 Ferronnerie.

LESCANDE ET LAPRADE, à Montauban.

48 Serrure, clé à pied de crucifix, à ferrure double.

CARRIERE (Charles), à Montauban.

49 Fontaine en zinc.

3e Groupe.

SABATIER (Pierre-Antoine), à Montauban.

50 Pipes et tabatières.

TRAYSSAC, à Montauban.

51 Buffet sculpté; une croix sur pied pour autel, un porte-missel, une pipe en bois.

SERRES, à Montauban.

52 Sculptures.

4e Groupe.

DELTIL jeune, à Grisolles.

53 Rouet à filer le lin, quenouille en bois de cerisier.

FOURNIÉ, à Montauban.

54 Objets de tour.

LEBRUN (Étienne), à Montauban.

55 Objets de tour.

5e Groupe.

MARIETTE-AURIOL ET ROUFFIO, Usine de Palisse, à Montauban.

56 Placages et panneaux, liteaux pour plâtriers, liteaux pour magnanerie.

6e Groupe.

MISSONNIÉ, (Simon,) à Montauban.

57 Modèle de pont.

7e Groupe.

RETOURNAT, à Montauban.

58 Clouterie.

QUATRIÈME CLASSE.

1er Groupe.

BESANÇON, à Montauban.

59 Fontes pour ornements ; fontes et statues religieuses.

LEVÊQUE, à Montauban.

60 Cloches ; articles pour machines à vapeur, pour hydraulique et fontainerie ; articles ouvrés.

2e Groupe.

GAMBEDOUZOU, à Montauban.

61 Divers objets en métaux dorés ou vernis.

ALBUS (Arnaud), à Montauban.

62 Statue en bois ; cadre en bois dorés.

CINQUIÈME CLASSE.

1er Groupe.

MANHES, à Montauban.

63 Grande bascule à peser les bestiaux et fourrages, rapport de 1 à 100 ; petite bascule de la portée de 150 kilog.

64 GOULARD (Pierre), à Montauban.

64 Instrument de nivellement.

DELGAL père et fils, à Montauban.

65 Une bascule de la force de 350 kilog. et une bascule de 250 kilog.

SAUROU (Hippolyte), à Montauban.

66 Un baromètre anéroïde ; un cadre avec aiguille oscillante donnant l'heure ; appeaux ou sifflets d'oiseleur.

BONNAL (Léon), à Montauban.

67 Machine électro-médicale ; électro-aimant puissant ; épreuves photographiques.

BAGEL-COMBES, à Montauban.

68 Une pendule, une machine électrique, un baromètre métallique, un microscope, une épreuve de galvanoplastie, une photographie.

LÉRIS (Benjamin), à Nègrepelisse.

69 Une horloge paysage.

LACOMBE (Frédéric), à Lauzerte.

70 Système d'échappement adapté à une pendule de corridor ; pierre minérale.

GAFFIE, à Castelsarrasin.

71 Niveau en bois.

LANGRENE, à Montauban.

72 Appareil télégraphique Morse.

PELISSIER, à Espanels.

73 Horloge et machine à denter.

2e Groupe.

ESCARD, à Montauban.

74 Articles de coutellerie.

MELOU (Jacques), à Montauban.

75 Instruments de coutellerie pour la taille de la vigne et des arbres ; bandages herniaires et appareils divers.

DUMONS (Géraud), à Montech.

76 Instruments de coutellerie.

3e Groupe.

VEYRIAC, à Montauban.

77 Cheminée à la prussienne.

GALISSERE, à Montauban.

78 Genouillière en fer avec tuyau en caoutchouc pour l'éclairage au gaz.

ORAIN fils, à Montauban.

79 Quatre lustres à gaz, un bras girandole.

4e Groupe.

FOUBERT (Théodore), à Montauban.

80 Tableau de dentiste, pièces dentaires.

SIXIÈME CLASSE.

1er Groupe.

FORESTIÉ (Charles), à Montauban.

81 Divers spécimens d'impression typographique.

2e Groupe.

RAFINÉ, à Montauban.

82 Epreuves de lithographie.

NÉRÉE DE SERRES (Vicomte), à Gaylus.

83 Pierres lithographiques.

BOUSQUET (Léon), à Montauban.

84 Epreuves lithographiques.

3e Groupe.

CASSAN, à Montauban.

85 Epreuves de photographie.

BONNAL (Léon), à Montauban.

86 Epreuves photographiques.

BAGEL-COMBES, à Montauban.

87 Epreuves photographiques.

BOUIS (Achille), à Montauban.

88 Epreuves photographiques.

4e Groupe.

GÉROSA-STRADEL fils, à Montauban.

89 Trois volumes reliés.

5e Groupe.

DARDAYROL, à Saint-Antonin.

90 Papiers divers.

GATALA, à Saint-Antonin.

91 Cartons à satiner et autres, de diverses qualités.

6e Groupe.

VIGUIÉ, à Montauban.

92 Panneau, peintures et décors.

PÉGOURT (veuve), à Montauban.

93 Échantillons de peintures.

CARTIER (Laurent), à Nègrepelisse.

94 Cinq échantillons de peinture pour voitures.

7e Groupe.

LES FRÈRES DES ÉCOLES CHRÉTIENNES, à Montauban.

95 Dessins divers.

NÉGRIER, à Montauban.

96 Dessins de construction.

LELOUP ET LACAZE.

97 Modèle de machine destinée à la compression de l'air.

SEPTIÈME CLASSE.

1er Groupe.

CADRES, à Montauban.

98 Poteries diverses.

GOULIASSE (David), à Ardus.

99 Poteries diverses.

RAUFFET, à Montauban.

100 Poteries diverses.

BRESSAUT.

101 Deux soupières, deux plats et deux assiettes (ancienne faïencerie de MM. Lapierre et Quinquiry, à Montauban.

2e Groupe.

NAVUAN, à Montauban.

102 Autel en marbre.

BOSC (François), à Montricoux.

103 Échantillons de marbre.

3e Groupe.

BOISTEL (Edmond), à Dieupentale.

104 Échantillons de briques.

REYNIÈS (Vicomte de), à Reyniès.

105 Échantillons de briques creuses.

BARRIÉ jeune, à Montauban.

106 Échantillons de briques.

LOURDE DE MARTIGNAC, à Nègrepelisse.

107 Échantillons de briques de marne.

CALVET (Mathilde), de Meauzac.

108 Échantillons de briques et tuiles-canal.

VIDAL (Thomas), à Montauban.

109 Échantillons de briques cuites au charbon par un nouveau procédé.

SABATIÉ, à Montauban.

110 Échantillons de briques.

REY ET NÉGRIÉ, à Montauban.

110 *b.* Échantillons de briques flamandes.

4e Groupe.

AGGERY (Paul), à Montauban.

111 Calcaires divers.

SEGUY, à Montauban.

112 Échantillons de chaux.

FOUGA ET Ce, à Montauban.

113 Échantillons de chaux et de plâtres divers.

FALGA fils.

114 Échantillons de plâtre.

BRESSOU, à Montauban.

115 Échantillon de plâtre.

HUITIÈME CLASSE.

1er Groupe.

JEAU (Henri), à Montauban.

116 Coke et goudron minéral provenant de la fabrication du gaz d'éclairage.

MARTY aîné, à Montauban.

117 Sulfate de barite, tripoli, talc, mica.

LACAZE ET ROUSSENNAC.

118 Huile décolorée médicale d'amande douce; purgatif au ricin ordinaire.

OLIER (Gabriel), à Montauban.

119 Echantillons d'huile et de farine de graine de lin.

2e Groupe.

RAU (Pierre), à Montauban.

120 Echantillons d'encre.

3e Groupe.

TACHARD fils aîné ET C.e, à Montauban.

121 Deux côtes vache gavouille, un côté cuir jaune; quatre veaux, dont deux lissés.

GAUTIER aîné et GAZALS, à Montauban.

122 Cuirs tannés et corroyés.

CAPIN ET FILS, à Caussade.

123 Cuirs tannés pour sellerie et veaux corroyés.

3e Groupe

JULIA aîné, à Verdun.

124 Quatre pièces de vache lissées.

MAFFRE-CAPIN, à Caussade.

125 Cuirs au suif pour harnais et mécanique; cuirs blancs; vache lissée et veaux roux.

PENAVAIRE aîné, à Saint-Antonin.

126 Trois cuirs veau en croûte et parés.

MASSOL frères, à Grisolles.

126 Six bandes cuirs pour sellerie, bourrellerie et courroies de mécanique.

BOUIS, à Montauban.

128 Cuirs corroyés.

4e Groupe.

DOUMERC, à Montauban.

129 Bougies, savons, stéarine.

POUMAREDE aîné, à Montauban.

130 Cires brutes et blanches, cierges et bougies.

LAVERDURE fils, à Montauban.

131 Cires brutes et en grains, cierges et bougies, chandelles et suif épuré.

MANDEVILLE, à Montauban.

132. Savons.

5e Groupe.

CRUZEL (Jean), à Bas-Pays.

133 Echantillons d'engrais animal.

RENOUS-BARRIÉ, à Montauban.

134. Engrais animal, guano animal, urine solidifiée.

NEUVIÈME CLASSE.

1er Groupe.

DAGRAN, à Montauban.

135 Diverses qualités de farine.

RABASTENS, à Montauban.

136 Diverses qualités de farines.

MAGNOL, à Montauban.

137 Farines.

2e Groupe.

THOMASE-MAFFRE, à Caussade.

138 Pains divers.

3e Groupe

PRÉVOT (Edouard), à Montauban.

139 Fruits confits, liqueurs et limonades gazeuses.

CATELLAN (Henri), à Montauban.

140 Confiserie et liqueurs.

LAFONT père, à Montauban.

141 Liqueurs et fruits confits.

DONNADIEU, à Caussade.

142 Siphons d'eau de seltz, de limonade et de sodas.

LANNES, VIGUIÉ ET Ce, à Montauban.

143 Fruits au sirop et liqueurs.

BLANC aîné, à Montauban.

144 Eaux-de-vie diverses.

DELDUC, à Montauban.

145 Sirops et fruits confits.

SERRES, à Fénayrols.

146 Eaux minérales.

MARCELIN (Edouard), à Montauban.

147 Liqueurs et alcools.

MARCELLIN aîné, à Montauban.

148 Liqueurs.

HEIM (Michel), père et fils, à Montauban.

149 Bières en bouteille.

DIXIÈME CLASSE.

1er Groupe.

GARRISSON oncle et neveu, à Montauban.

150 Dix pièces draperies diverses.

BRUN ET MAGNEVILLE, à Montauban.

151 Huit pièces étoffes laine, teintes et apprêtées.

BOULOUS ET VERGES, à Montauban.

152 Quatre pièces draperie.

MÉRIGNAC-DELON et fils, à Montauban.

153 Quatre coupes cordelaterie.

PÉCOURT, à Montauban.

154 Laines filées.

LAGRAVÈRE (Félix).

155 Laines filées.

FERBEYRE ET NOEL, à Montauban.

156 Quatre pièces cadis, ratine et molleton.

BRU (Jean-François), à Verdun.

157 Deux molletons.

GARRISSON (Victor), à Montauban.

158 Deux coupes molleton de la fabrication de la ville.

PRAT (Jean), à Sapiac.

159 Frises faites sur les draps de MM. Brun, Magneville, Ferbeyre et Noel.

PÈRE-BELLUC aîné, à Montauban.

160 Laines filées en flottes et pelottes.

DEBIA frères, à Montauban.

161 Un cadis.

COURRÈGE, à Montauban.

162 Frises.

DESCAZALS-LAGAZE et LABRO, à Montauban.

163 Draperie.

2e Groupe.

LUGOL ET GARRISSON, à Montauban.

164 Soies grèges blanches et jaunes, filées à la vapeur, depuis 3 cocons ou 7/8 deniers jusqu'à 100 cocons ou 250 deniers; — soies grèges teintes à la bassine; — toiles à bluter les farines; — toiles unies du no 80 au no 200; — gazes à tour anglais, du no 80 à 190; — gazes à façon Zurich, du no 5 au no 120; — étoffe pour robe d'été.

GASCOU ET ALBRESPY, à Montauban.

165 Gazes à soie à bluter et soies grèges.

PÉCOURT, à Montauban.

166 Soies grèges.

COUDERC, à Montauban.

167 Soies grèges et tissus de soie.

3e Groupe.

PÈRE-BELLUC aîné, à Montauban.

168 Cotons filés de diverses qualités.

DUBOURG-LACAZE, à Montauban.

169 Cotons à tisser, cotons à tricoter, couvertures en coton.

4e Groupe.

SAINT-FAUST, à Montauban.

170 Cinq pièces toile à sac ou d'emballage.

ROBERT (Joseph), à Nègrepelisse.

171 Quatre rouleaux de toile.

DELMAS, à Montauban.

172 Cinq pièces de toile et sacs confectionnés.

COURSIÈRES (Jean) fils, à Montricoux.

173 Pièces mouchoirs bleus et blancs, tout fil.

NONORGUES père et fils, à Montricoux.

174 Rouleaux toiles diverses.

5e Groupe.

PUPILLE ET RENAUD, à Montauban.

175 Cordes et ficelles.

OULÉ, à Montauban.

176 Cordes et ficelles.

FABRE (Louis), à Montauban.

177 Articles de corderie.

ROUSSET, à Montauban.

178 Émouchettes pour bœufs.

FABRE (Henri), à Montauban.

179 Articles de corderie.

ONZIÈME CLASSE.

1er Groupe.

AUBIÉ (Jean), dit BERGERAC, à Montauban.

180 Voiture Dog-Kart à deux roues.

ALRIC, à Léribosc.

181 Modèle d'avant-train.

2e Groupe.

RACASSÉ, à Montauban.

182 Harnais.

INAUD, à Reyniès.

183 Harnais pour chevaux et mulets, et pour labourage.

FAURE, à Bressols.

184 Joug pour mules ou chevaux.

CAMELS, à Montauban.

185 Deux colliers veau et attels perdus; un harnais de charriot ou charrette à la parisienne.

AUREL père, à Caussade.

186 Selle de dame et selle anglaise.

3e Groupe.

GLEYE (Armand), à Montauban.

187 Moyeu de roue de voiture.

4e Groupe.

DELMAS, à Montauban.

188 Fers à cheval et fers à bœufs.

LAFARGUE, à Montauban.

189 Fers à cheval.

VILLENEUVE, à Montauban.

190 Fers à cheval.

DOUZIÈME CLASSE.

1er Groupe.

CAPELLE (Jean), à Montauban.

191 Ameublement en acajou, table de cabinet de travail, petite bibliothèque.

LAMOLINAIRIE, à Montauban.

192 Une armoire à glace et meubles divers.

BONIS, à Montauban.

193 Table à coulisse en chêne.

DUMAS, à Montauban.

194 Meubles rustiques.

MONDOU, à Montauban.

195 Meubles divers.

SERRES, à Montauban.

196 Un billard et accessoires.

DROUILLET, à Montauban.

197 Meubles.

ARIVAUT, à Montauban.

198 Un lit acajou, un bureau palissandre.

BOURDELLE (Antoine) père, à Montauban.

199 Une bibliothèque.

BOURDELLE fils, à Montauban.

200 Une armoire à glace.

GAILLARD-LAGARDE, à Montauban.

201 Un lit en noyer verni.

BOURREL (Jean), à Montauban.

202 Un lit pour malade ou infirme.

ROBERT jeune, à Montauban.

203 Ecran, chauffeuse et guéridon.

2e Groupe.

FERRIÈRE, à Montauban.

204 Un canapé, quatre fauteuils et un berceau.

MAYNÉ (Emile), à Montauban.

205 Lit, armoire à glace, bahut, toilette et table de nuit.

3e Groupe.

TOURNIE (Louis), à Montauban.
206 Chaises.

TIVIER (Victor), à Montauban.
207 Chaises et tour à filer.

4e Groupe.

Mlle DAYDOU (Adèle), à Montauban.
208 Fleurs artificielles.

Mme CHRISTOPHE (Louise), à Montauban.
209 Fleurs en coquillages.

Mmes PRÉVOT sœurs, à Montauban.
210 Fleurs artificielles.

5e Groupe.

Mme ROZIÈS, à Montauban.
211 Corsets et crinolines.

Mme PUJADE (Catherine).
212 Costumes pour enfants.

Mlle PAYSSOT (Philomène), à Montauban.
213 Une chemise.

Mlle MONDOU (Suzette), à Montauban.
214 Robe, chemise, mouchoir de poche et guimpe.

MOUISSET (Antoinette), à Montauban.

215 Une chemise.

COUDERC-GASQUET, à Montauban.

216 Ornements d'église.

MOMMÉJA (Auguste), à Montauban.

217 Passementerie.

SARRUS, à Montauban.

218 Une robe.

PÈRE-BELLUC jeune, à Montauban.

219 Deux calottes en tricot.

Mme BONIS, à Montauban.

220 Articles de lissage, lingerie.

Mlle PY (Antonia), à Montauban.

221 Blanchissage à neuf de dentelles.

Mme ESCABASSE, à Montauban.

222 Lingerie.

6e Groupe.

ROQUES, à Corbieu, commune de Castelsarrasin.

223 Berceaux en éclisse, un de 1er âge et un de 2e âge.

RAYMOND (Jean), fils aîné, à Grisolles.

224 Balais de diverses formes.

PEYREBRUNE (Emile), à Grisolles.

225 Balais de diverses formes.

BORDERIE (Pierre), à Montauban.

226 Osiers façonnés de diverses sortes.

RIGAL, à Moulis, près Reyniès,

227 Corbeilles et corbillons en osier.

TISSÈDRE jeune, à Donzac.

228 Balais de divers genres et osiers préparés.

RONTELLE aîné, à Montauban.

229 Osiers rouges préparés.

MAGÈS, à Donjac.

230 Osiers préparés.

TREIZIÈME CLASSE.

1er Groupe.

Mlle BOURPILLAC (Félicie), à Montauban.

231 Broderies.

Mlle VIGNES (Méalla), à Montauban.

232 Broderies.

Mlles MÉRAC, à Montauban.

233 Descente de lit brodée à la main.

2e Groupe.

PÉRIÈS, à Montauban.

234 Chaussures diverses.

FAGONDE (Joseph), à Montauban.

235 Souliers sans couture.

MARTY (Pierre), à Montauban.

236 Formes pour la fabrication des chaussures.

RAYNAL (François), à Montauban.

237 Bottes et bottines.

COUDERC, à Montauban.

238 Chaussures diverses.

MONTARRAS (Justin), père, à Montauban.

239 Chaussures diverses.

LANNES (Anna), à Montauban.

240 Chaussures (empeignes).

5e Groupe.

MARTY ET FOURGÈS, à Montauban.

241 Chapellerie variée.

REY, COUSINS ET GALAN, à Caussade.

242 Chapeaux de paille ; tresses pour chapeaux; tresses pour cabas et jupons ; cabas fabriqués et semelles en paille.

E. MIQUEL fils, à Caussade.

243 Chapeaux de paille divers.

E. LAROCHE, à Montauban.

244 Divers articles de chapellerie.

DELPECH ET NAVEISSE.

245 Chapeaux de paille et casquettes.

4e Groupe.

SENTIS (Hippolyte), à Montauban.

246 Casquettes, toques et képis.

GUILLOT (Miette), à Montauban.

247 Diverses casquettes.

5e Groupe.

J. CHARLES, à Montauban.

248 Articles de coiffure.

LAVITRY, à Montauban.

249 Articles de coiffure.

6e Groupe.

VERDIÉ ET Ce, à Montauban.

250 Plumes et duvets.

F. LAURENS aîné et Ce, à Montauban.

251 Plumes et duvets.

QUATORZIÈME CLASSE.

LAFARGUE, à Moissac.

252 Mélopsalte (appareil pour chant d'église).

QUINZIÈME CLASSE.

Groupe unique.

LUGOL ET GARRISSON, à Montauban.

253 Soies filées.

GASCOU NEVEU ET ALBRESPY, à Montauban.

254 Soies filées.

F. PÉCOURT, à Montauban.

255 Soies filées.

SEVEIGNES (Charles), à Montauban.

256 Mûriers sur pied.

SOCIÉTÉ D'HORTICULTURE
ET D'ACCLIMATATION DE TARN-ET-GARONNE.

257 Cocons de soies filées de diverses races de vers-à-soie.

NOURRIGAT, à Lunel (Hérault).

258 Cocons, soies, instruments et appareils; mûriers exotiques; soie végétale ou matière textile à substituer au cocon.

BOUSQUET (Anne), à Toulouse.

259 Graines de vers-à-soie et cocons.

CHABASSEUR fils, à Montauban.

260 Couveuse pour les graines de vers-à-soie.

CAPELLE aîné, à Montauban.

261 Coupe-feuilles et magnanerie.

GRANIÉ (Jean), au Pech-Blanc.

262 Vers-à-soie.

AVIGNON-GAMOURET aîné.

263 Soies grèges.

JOUANNY (Pierre) et fils.

264 Vers-à-soie.

SUPPLÉMENT.

MERCIER ET DEBAUX, à Montauban.

265 Conserves alimentaires.

GAMARD, à Montauban.

266 Un guéridon.

BOYER (Jean-Baptiste).

267 Selles allemandes.

JOUGLA, à Septfonds.

268 Chapeaux divers.

MATALY-REY.

269 Plâtres divers.

MONTET (David), à Réalville.

270 Une pompe.

FAURE, à Montauban.

271 Confiture.

Mlle BRUTÉ.

272 Tableau religieux.

LES DAMES DE LA PRÉSENTATION.

273 Broderies diverses.

CLASSEMENT DES PRODUITS

PAR NUMÉROS D'ORDRE.

1re CLASSE. — Machines, matériel industriel et outils. — Nos 1-11.

2e CLASSE. — Pompes, appareils de battage et nettoyage des grains, instruments aratoires, appareils divers, tonnellerie. — Nos 12-38.

3e CLASSE. — Menuiserie, serrurerie, sculpture, objets de tous modèles, clouterie. — Nos 39-58.

4e CLASSE. — Fontes, bronzes, orfèvrerie, dorures. — 59-62.

5e CLASSE. — Instruments de précision, de mesurage et de physique, coutellerie, armes, bandages, chirurgie, éclairage et chauffage. — Nos 63-80.

6e CLASSE. — Imprimerie, lithographie, photographie, reliures, papiers, peintures. — Nos 81-97.

7e CLASSE. — Céramique, marbres, briques, plâtres et chaux. — Nos 98-115.

8e CLASSE. — Produits chimiques, teintures, cuirs et peaux, savons et bougies, engrais. — Nos 116-134.

9e CLASSE. — Substances alimentaires, produits pharmaceutiques. — Nos 135-149.

10e CLASSE. — Tissus, laines, soies, cotons, lins et chanvres. — Nos 150-179.

11e CLASSE. — Carrosserie, sellerie, articles de voyage et de charronnage. — Nos 180-190.

12e CLASSE. — Ameublement, modes et fleurs, confections diverses, vannerie. — Nos 191-230.

13e CLASSE. — Broderies, chaussures, chapellerie, coiffure, plumes. — Nos 231-251.

14e CLASSE. — Instruments de musique et fabrication accessoire. — Nos 252.

15e CLASSE. — Sériciculture. — Nos 253-264.

Supplément. Nos 265-273.

www.ingramcontent.com/pod-product-compliance
Lightning Source LLC
LaVergne TN
LVHW010041230826
846091LV00005B/1808
9782011340412